글 최은규

서울에서 태어나 서울예술대학교 문예창작과를 졸업하고
동덕여자대학교와 같은 학교 대학원에서 아동학을 공부했습니다.
MBC창작동화대상에서 <친구랑 빙빙빙>으로
장편부문 대상을 받았으며 발표했던 단편동화가
계림과 대교출판사에서 우수창작동화로 선정되기도 했습니다.
그동안 <바닐라 아이스크림을 먹는 개구리>,
<비 오는 날은 정말 좋아> 등의 책을 펴냈습니다.

그림 양혜원

서울에서 태어나 서울여자대학교에서 디자인을 공부했습니다.
현재 그림동화 일러스트레이터로 일하고 있습니다.
그동안 <마지막 박쥐공주 미가야>, <북치는 꼬마 용사> 등
어린이들을 위해 많은 그림을 그렸습니다.
또한 어린이들을 위해 좋은 그림을 그리기 위해 노력하고 있습니다.

감수 박시룡

경희대학교 생물학과를 졸업하고 독일 본대학교에서
동물행동학을 전공하여 박사 학위를 받았습니다.
한국교원대학교 생물교육과 교수, 황새복원연구센터
소장을 지냈습니다.
지은 책으로 <와우! 우리들의 동물친구>,
<동물행동학의 이해> 등이 있고,
옮긴 책으로는 <딱새를 속여 번식하는 뻐꾸기>,
<진딧물을 길들이는 붉은개미> 등이 있습니다.
KBS <동물의 세계>, <동물의 왕국>의 감수도 맡고 있습니다.

우주와 지구·날씨 변화 **28 날씨는 변덕쟁이**

최은규 글 · 양혜원 그림 · 박시룡 감수
펴낸곳 (주)아람키즈 | 펴낸이 이소영 | 주소 서울특별시 성동구 성수이로 147, 아이에스비즈타워 2F
고객센터 1644-4521 | 팩스 02-468-5548 | 홈페이지 www.aramkids.co.kr | 출판등록 제2020-000011호
기획 · 편집 · 디자인 (주)아람키즈 하늘땅
ISBN 979-11-6543-537-0 979-11-6543-574-5(세트)

© (주)아람키즈
이 책은 저작권법에 따라 보호 받는 저작물이므로 무단전재와 무단복제를 금합니다.
이 책 내용의 전부 또는 일부를 이용하려면 저작권자의 서면 동의를 받아야 합니다.

- 눈을 편안하게 해 주는 친환경 식물성 원료인 콩기름 잉크로 인쇄하였습니다.
⚠ 책 모서리가 날카로워 다칠 수 있으니 사람을 향해 던지거나 떨어뜨리지 마십시오.
⚠ 종이에 베이거나 긁힐 수 있으므로 주의해 주십시오.

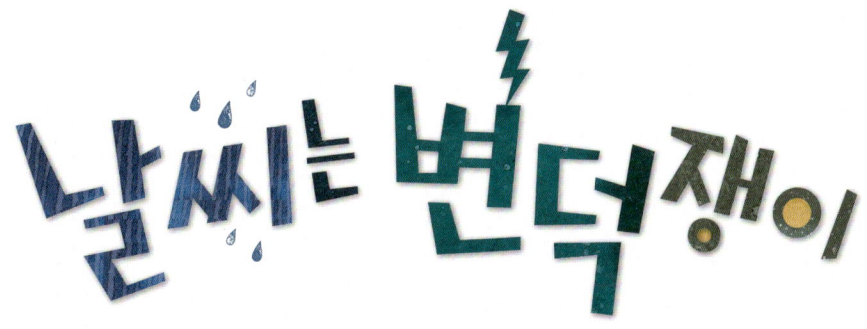

날씨는 변덕쟁이

최은규 글 · 양혜원 그림 · 박시룡 감수

아람키즈

날씨*는 날마다 바뀌어.
비*가 왔다가 맑게 개고,
바람*이 불다가 금세 고요해져.

개미들이 줄줄이 이사를 가네?
비가 오려나 봐.

🐜 비가 오면 땅속에 있는 개미집이 잠길 수도 있어요.
그래서 비가 오려고 하면 개미들이 높은 곳으로 이사를 가요.

야!
비 온다, 비가 와.

비가 오면 온 세상이 또렷해져.
나뭇잎은 더 진한 초록색이 되고,
꽃잎은 더 울긋불긋해져.

저기, 갈매기*들이 떼 지어 하늘 높이
날고 있는 게 보여?
폭풍*이 오려나 봐.

폭풍이 오고 있으면 하늘 높이 센바람이 불어요.
갈매기들은 그 바람을 타고서
하늘 높이 휙휙휙, 쉽게 날아다닌답니다.

야!
바람 분다, 큰바람이 분다.

폭풍이 불면 온 세상이 흔들려.
바다는 출렁출렁 어깨를 흔들고,
거리의 가로수도
머리를 마구 흔들어 대지.

토끼*들이 잿빛 털옷을 벗고
하얀 털로 옷을 갈아입었네?
눈*이 오려나 봐!
흰토끼들은 눈 속에서 잘 보이지 않아.

눈토끼들은 눈이 많이 오는 겨울이 되면 여우나 곰을 속이려고,
눈밭에서도 눈에 띄지 않게 흰 털로 털갈이를 해요.

야!
눈 온다, 눈이 와.

눈이 오면 온 세상이 눈부시게 하얘져.
우리들은 신이 나서 팔짝팔짝,
강아지는 발이 시려 폴짝폴짝.

거미가 거미줄을 치고 있어.
내일은 날씨가 맑으려나 봐.

🐛 거미는 날아다니는 곤충을 잡아먹으려고 거미줄을 쳐요.
비가 오는 날은 곤충들이 날아다닐 수 없으니까
굳이 거미줄을 치지 않지요.

새파란 하늘.
햇살이 따뜻해.

맑은 날에는 뭘 해도 신이 나지.
야호, 우리 소풍 간다!

날씨는 날마다 바뀌어.
오늘 날씨는 어떨까?

 신나는 과학놀이

문제 다음 중 우산을 미리 준비할 수 있게 알려 주는 동물은 무엇일까요?

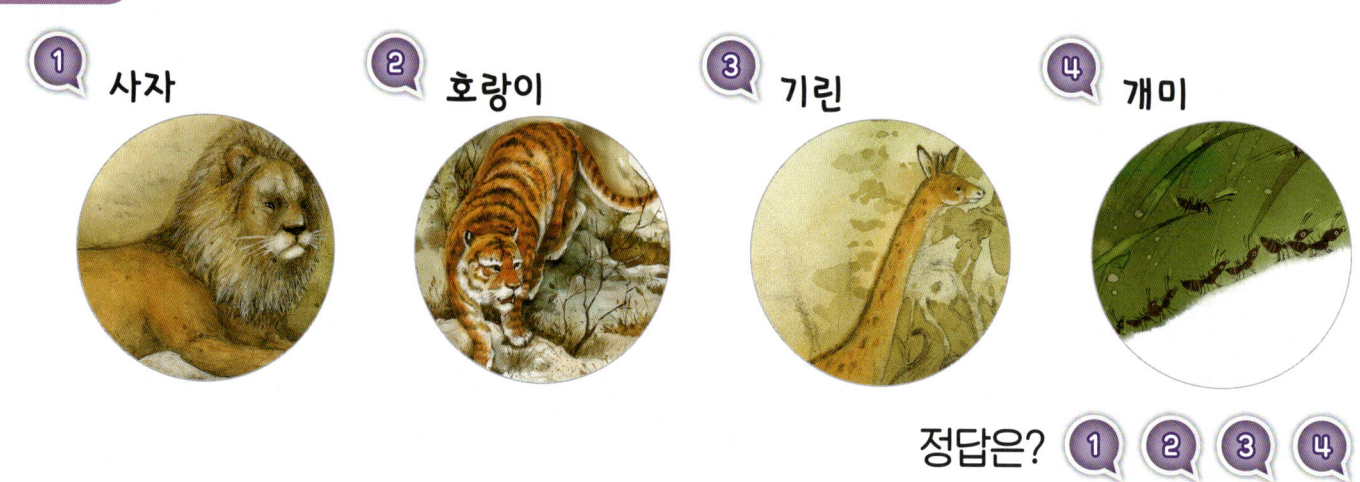

① 사자　② 호랑이　③ 기린　④ 개미

정답은? ① ② ③ ④

문제 다음 중 **잘못된** 말을 고르세요.

① 나는 거미야. 비가 오는 날 거미줄을 치지.
② 우린 눈토끼야. 겨울이 되면 하얀 털로 갈아입지.
③ 우리 개미야. 비가 오기 전에 높은 곳으로 이사를 가지.
④ 우리 갈매기야. 폭풍이 오면 그 바람을 타고 하늘 높이 날아다니지.

정답은? ① ② ③ ④

정답: 4, 1